ALPHABET ILLUSTRÉ DES ANIMAUX

PARIS — DELARUE, LIBRAIRE-ÉDITEUR, QUAI DES AUGUSTINS, 11

J. A. Beaucé. Lavieille.

PARIS. — IMPRIMERIE DE W. REMQUET ET Cⁱᵉ,
rue Garancière, 5, derrière St-Sulpice.

ALPHABET
ILLUSTRÉ
DES ANIMAUX

contenant

DES EXERCICES DE LECTURE,

LA DESCRIPTION

DES ANIMAUX LES PLUS REMARQUABLES,

un choix de fables en prose et en vers.

VIGNETTES

par E. TRAVIÈS, gravées par THIÉBAULT.

PARIS,

DELARUE, LIBRAIRE-ÉDITEUR,

QUAI DES AUGUSTINS, 11.

A	B	C
D	E	F
G	H	IJ
K	L	M

N	O	P
Q	R	S
T	U	V
X	Y	Z

a	b	c
d	e	f
g	h	i j
k	l	m

n	o	p
q	r	s
t	u	v
x	y	z

MAJUSCULES GOTHIQUES.

A	B	C	D	E
𝕬	𝕭	𝕮	𝕯	𝕰

F	G	H	I	J
𝕱	𝕲	𝕳	𝕴	𝕵

K	L	M	N	O
𝕶	𝕷	𝕸	𝕹	𝕺

P	Q	R	S	T
𝕻	𝕼	𝕽	𝕾	𝕿

U	V	X	Y	Z
𝖀	𝖁	𝖃	𝖄	𝖅

MINUSCULES GOTHIQUES.

a b c d e f
g h i j k l
m n o p q r
s ſ t u v x
y z w

CHIFFRES.

0 1 2 3 4 5 6 7 8 9

ANGLAISE. MAJUSCULES.

A B C D E
F G H I J
K L M N
O P Q R S
T U V W
X Y Z

ANGLAISE. MINUSCULES.

a b c d e f g

h i j k l m n

o p q r s t u

v w x y z

CHIFFRES.

1 2 3 4 5 6 7 8 9 0

LETTRES ORNÉES.

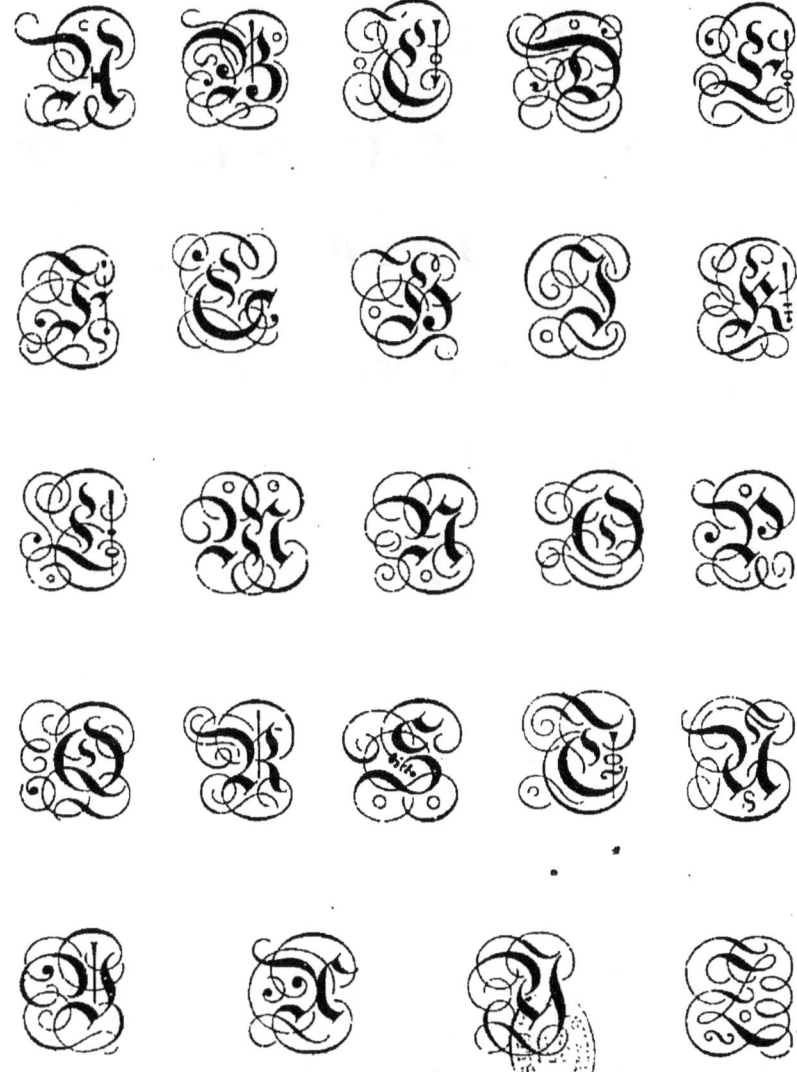

LETTRES VOYELLES.

a e i y o u

LETTRES CONSONNES.

b c d f g h j k l m
n p q r s t v x z

SYLLABES DE DEUX LETTRES.

ba	be	bi	bo	bu
ca	ce	ci	co	cu
da	de	di	do	du
fa	fe	fi	fo	fu
ga	ge	gi	go	gu
ha	he	hi	ho	hu
ja	je	ji	jo	ju

ka	ke	ki	ko	ku
la	le	li	lo	lu
ma	me	mi	mo	mu
na	ne	ni	no	nu
pa	pe	pi	po	pu
ra	re	ri	ro	ru
sa	se	si	so	su
ta	te	ti	to	tu
va	ve	vi	vo	vu
xa	xe	xi	xo	xu
za	ze	zi	zo	zu

SYLLABES DE DEUX LETTRES.

ab	eb	ib	ob	ub
ac	ec	ic	oc	uc
ad	ed	id	od	ud
af	ef	if	of	uf
ag	eg	ig	og	ug
ah	eh	ih	oh	uh
ak	ek	ik	ok	uk
al	el	il	ol	ul
am	em	im	om	um
an	en	in	on	un
ap	ep	ip	op	up

aq	eq	iq	oq	uq
ar	er	ir	or	ur
as	es	is	os	us
at	et	it	ot	ut
av	ev	iv	ov	uv
ax	ex	ix	ox	ux
az	ez	iz	oz	uz

SYLLABES DE TROIS LETTRES.

bla	ble	bli	blo	blu
bra	bre	bri	bro	bru
cha	che	chi	cho	chu

cla	cle	cli	clo	clu
cra	cre	cri	cro	cru
dra	dre	dri	dro	dru
fla	fle	fli	flo	flu
fra	fre	fri	fro	fru
gla	gle	gli	glo	glu
gna	gne	gni	gno	gnu
gra	gre	gri	gro	gru
pha	phe	phi	pho	phu
pla	ple	pli	plo	plu
pra	pre	pri	pro	pru

qua que qui quo quu
tla tle tli tlo tlu
tra tre tri tro tru
vra vre vri vro vru

MOTS D'UNE SYLLABE.

Pain	Pied
Lait	OEil
Eau	Dent
Vin	Doigt
Main	Chat
Bras	Chien

Jour	Mer
Nuit	Pré
Faim	Choc
Froid	Rat
Chaud	Mai
Noir	Juin
Blanc	Vent
Gris	Son
Roux	Pont
Vert	Mort
Char	Chant

MOTS DE DEUX SYLLABES.

Pa	pa	Pou	pée
Ma	man	Bon	bon
Ga	min	Dra	gée
Se	rin	Rai	sin
Jou	jou	Pan	tin
Ga	teau	Bon	net
Poi	rier	Jar	din
Sou	lier	Vo	lant
Moi	neau	Che	val
Par	rain	Mai	son
Mou	ton	Cor	don

MOTS DE TROIS SYLLABES.

Di	man	che
Ven	dre	di
O	ran	ger
Bou	lan	ger
Li	ber	té
Dé	jeu	ner
Pan	ta	lon
Ca	va	lier
Voi	tu	re
Hor	lo	ger

His	to	rien
Bû	che	ron
Mir	li	ton
Pa	pil	lon
Me	nui	sier
Cui	si	nier
A	ni	mal
A	mi	tié
Che	mi	née
Sa	me	di
É	cu	reuil

MOTS DE QUATRE SYLLABES.

Mi	li	tai	re
Per	fec	ti	on
Di	li	gen	ce
Mu	ti	ne	rie
Ma	çon	ne	rie
Ré	vé	ren	ce
Ré	gu	li	er
Af	fec	ta	tion
As	tro	no	mie
Edi	fi	ca	tion
E	ga	le	ment

MOTS DE CINQ SYLLABES.

Gé	né	ro	si	té
Ré	so	lu	ti	on
In	ter	rup	ti	on
Sou	ve	rai	ne	té
Pro	pri	é	tai	re
Ins	ti	tu	ti	on
É	lé	men	tai	re
Dé	mo	cra	ti	que
Mi	li	tai	re	ment
Cou	ra	geu	se	ment
Fa	vo	ra	ble	ment

MOTS DE SIX SYLLABES.

O ri gi na li té
A bo mi na ti on
Per pen di cu lai re
In dé li ca tes se
Par ti cu liè re ment
Dis si mu la ti on
A van ta geu se ment
Im pos si bi li té
As so ci a ti on
Im pé tu o si té
Per fec ti bi li té

Dieu a créé toutes choses qui existent sur la terre, il a fait les étoiles qui brillent dans le ciel, le soleil qui nous éclaire et nous échauffe.

Sans le soleil les plantes ne pourraient pas pousser et les hommes périraient de froid.

La lune nous éclaire la nuit; elle est moins grande que la terre, le soleil est infiniment plus gros.

La terre tourne autour du soleil; la lune tourne autour de la terre.

C'est la terre qui fournit à l'homme sa nourriture; sans l'air il ne pourrait respirer; l'eau lui sert de boisson, le feu le réchauffe et sert à cuire les aliments.

L'homme a cinq sens; la vue, le goût, l'odorat, l'ouïe, et le toucher.

L'homme habite la terre, les oiseaux habitent la terre et les airs, les poissons habitent les eaux.

C'est dans la terre que l'on

trouve le fer, l'or, l'argent et la pierre.

Sur la terre il croît toutes sortes d'arbres qui produisent des fruits qui sont bons à manger, ce sont les poires, les pommes, les cerises, les abricots, les prunes, etc.

Il y a des arbres qui ne portent pas de fruits, ils servent à faire des planches pour faire des meubles et construire des maisons.

On en fait aussi des bûches pour nous chauffer.

La terre produit un grand nombre de plantes, il y a des plantes potagères, médicinales et d'agrément.

Les principales plantes potagères sont le chou, la carotte, la pomme de terre, le haricot, le pois, les salades, etc.

Les plantes médicinales sont utiles pour guérir les personnes qui sont malades.

Les plantes d'agrément les plus remarquables sont la violette, la tulipe, l'œillet, le lis, la marguerite et beaucoup d'autres qui font l'ornement de nos jardins.

C'est dans la mer, les rivières et les étangs que l'on pêche les poissons qui servent à la nourriture des hommes.

On mange la chair des animaux tels que le mouton, le veau, le bœuf, le porc, etc.

On nomme volaille, des oiseaux qui servent également à notre nourriture, ce sont les poules, les canards, les oies, les dindons, les pigeons, etc.

On man ge aus si la chair des a ni maux sau va ges tels que le san gli er, le li è vre, le fai san, le che vreuil, la perdrix, etc.

Tout a é té cré é sur la ter re pour le bien de l'hom me; c'est à lui d'en pro fi ter.

CRIS DES ANIMAUX.

Le chien aboie.
Le chat miaule.
Le cochon grogne.
L'agneau bêle.
L'âne brait.
Le cheval hennit.

Le coq chante.

Le corbeau croasse.

La grenouille coasse.

Le lion rugit.

Le loup hurle.

Le moineau pépie.

La pie babille.

Le pigeon roucoule.

Le renard glapit.

Le rossignol ramage.

Le serpent siffle.

Le taureau beugle.

La tourterelle gémit.

L'enfant doit rendre hommage au Créateur, honorer ses parents qui sont ses meilleurs amis et ses premiers bienfaiteurs.

Évitez le mensonge avec le plus grand soin, car il augmente les torts au lieu de les excuser.

Le devoir d'un enfant est d'obéir à ses parents, de chercher ce qui peut leur plaire.

Les hommes sont faits pour s'aimer; ils sont en société pour se rendre service les uns aux autres.

Celui qui ne veut être utile à personne n'est pas digne de vivre avec les autres.

Cent ans font un siècle.

Il y a douze mois dans un an.

Il y a trente jours dans un mois.

Trois cent soixante-cinq jours font une année.

On divise le mois en quatre semaines; chaque semaine est composée de sept jours que l'on nomme: Lundi, Mardi, Mercredi, Jeudi, Vendredi, Samedi, Dimanche.

Les mois de l'année sont: Janvier, Février, Mars, Avril, Mai, Juin, Juillet, Août, Septembre, Octobre, Novembre, Décembre.

Il y a quatre saisons dans l'année : Le Printemps, l'Été, l'Automne, l'Hiver.

L'homme a deux mains, chaque main a cinq doigts ; le plus gros se nomme le pouce, le doigt qui le suit est l'*index*, sans doute ainsi nommé parce qu'il sert à indiquer.

Le bras de chaque côté du corps est gauche ou droit ; celui qui est du côté du cœur est le bras gauche.

L'homme a des jambes, des pieds, des doigts au bout des pieds, le plus gros de ces doigts est nommé *orteil*. Il y a le pied gauche et le pied droit.

Le cheval et le bœuf ont des jambes; le chien et les animaux plus petits ont des pattes.

Les poissons nagent, les oiseaux volent, les vers, les limaçons et les serpents rampent.

Les arbres et les fleurs ont des racines en terre qui leur servent de pieds pour se maintenir debout, et des branches qui semblent être leurs bras; ils ont des maladies, souffrent et meurent comme tous les êtres qui respirent.

Les plantes portent des fleurs auxquelles succèdent des fruits et des graines, ces graines semées dans la terre reproduisent les mêmes plantes que celles qui leur ont donné naissance.

La terre renferme des métaux à l'état brut, que le travail de l'homme rend précieux ; ainsi : l'or, l'argent, le platine, le fer, le cuivre, le plomb, l'étain, etc., etc., les uns servent à faire des bijoux, des pièces de monnaie. C'est avec le fer que l'on fait les instruments de travail comme la hache, la scie, la pioche, le marteau ; ils servent à travailler la pierre et le bois ; puis la charrue et la pelle avec lesquelles on remue la terre des champs et des jardins.

La terre que nous habitons est une boule qui tourne; sa circonférence est de quatre mille myriamètres environ.

Il y a sur la terre beaucoup d'animaux qui intéressent la vue; ils sont familiers ou sauvages; quelques-uns sont féroces.

ANE.

L'âne est un animal domestique ; c'est ainsi que l'on désigne les animaux que l'homme utilise à différents travaux. Le cheval, le bœuf, le chien, etc., sont donc des animaux domestiques.

L'âne est précieux pour les habitants des campagnes ; il est sobre, courageux et patient. Il s'attache facilement à son maître quoiqu'il en soit souvent maltraité ; il le sent de loin et le distingue des autres hommes; il reconnaît les lieux qu'il a coutume d'habiter, les chemins qu'il a fréquentés; il a les yeux bons, l'oreille excellente, l'odorat des plus fins. Pourquoi donc avoir tant de mépris pour un animal aussi interessant? En serait-il ainsi si nous n'avions pas le cheval, qui cependant est plus coûteux et plus difficile à nourrir? On donne de l'éducation au cheval, on le soigne, on l'instruit, on l'exerce. L'âne est abandonné à la grossièreté des valets, à la malice des enfants; loin d'acquérir, il ne peut que perdre par son éducation, et s'il n'avait pas un grand fonds de bonnes qualités, il les perdrait par la manière dont on le traite.

BICHE.

La biche est la femelle du cerf. C'est un animal doux et tranquille ; sa forme est élégante sa taille bien prise, ses membres flexibles et nerveux ; il paraît avoir été créé pour embellir et animer la solitude de nos forêts.

Le cerf a sur la tête un bois qui se renouvelle chaque année. Sa grandeur, sa légèreté, sa force le distinguent assez des autres habitants des bois. Il est regardé comme le plus noble d'entre eux et semble destiné aux plaisirs des grands de la terre dont il a toujours occupé les loisirs. La chasse au cerf est un plaisir de grand seigneur.

Le cerf et la biche se nourrissent d'herbes, de jeunes bourgeons ou de racines d'arbres; quand leur faim est satisfaite, ils se retirent à l'abri de quelques feuillages épais pour ruminer.

On nomme faon le petit du cerf et de la biche. La biche a pour ses petits une tendresse extrême; le cerf au contraire ne peut les souffrir, ce qui force la mère à prendre les plus grands soins pour les dérober à la vue de leur père.

CHIEN.

Le chien, indépendamment de la beauté de sa forme, de la vivacité, de la force, de la légèreté, a par excellence toutes les qualités intérieures qui peuvent lui attirer l'affection de l'homme : il sait veiller à la sûreté de son maître, l'aider, le défendre, le flatter, le captiver, s'en faire un protecteur. Plus souple qu'aucun des animaux, le chien s'instruit en peu de temps, se conforme aux habitudes de ceux qui le commandent; il prend le ton de la maison qu'il habite, reconnaît les amis ou les importuns; gardien, il veille, donne l'alarme, avertit et combat.

Le chien est d'une importance sans égale dans l'ordre de la nature. C'est lui qui aide l'homme à dompter et à réduire à l'esclavage les autres animaux, à découvrir, chasser et détruire les bêtes sauvages et nuisibles. Le chien de berger, que l'on regarde comme le chien primitif, n'est-il pas tout-puissant pour conduire un troupeau.

N'oublions pas de mentionner ici, le chien de *Terre-Neuve* qui joint à toutes les autres qualités, celle de sauver les gens en danger de se noyer et le chien du *Mont-Saint-Bernard* élevé à chercher les voyageurs égarés dans les neiges.

DROMADAIRE.

Le dromadaire appartient à la même famille que le chameau. Il lui ressemble à cela près que ce dernier a deux bosses sur le dos et le dromadaire n'en a qu'une.

Les Arabes le nomment le vaisseau du désert parce qu'il leur sert à franchir ces espaces où l'homme ne rencontre que des plaines sablonneuses, des montagnes arides, un soleil toujours brûlant, point d'arbres, rien qui lui rappelle la nature, le ciel pour toit, la terre pour gîte, enfin le désert.

L'Arabe franchit des espaces de vingt-cinq lieues par jour avec l'aide de cet animal ; il le charge des marchandises qu'il va vendre ou échanger, de la tente qui l'abrite la nuit pendant ses voyages. Le dromadaire est pour lui un cheval et une voiture. Ce ne sont pas là les seuls services que cet animal rend à son maître : il lui fournit une chair dont les Arabes font aussi leur nourriture, et son poil qui se renouvelle tous les ans par une mue complète, sert à faire des vêtements et des tapis.

ÉLÉPHANT.

L'éléphant est le plus grand de tous les quadrupèdes. Il est supérieur à tous par son intelligence, son adresse, sa force, et la longue durée de sa vie.

Dans l'état sauvage, l'éléphant n'est ni sanguinaire ni féroce; il est d'un naturel doux et jamais ne fait abus de ses armes ou de sa force; il ne les emploie que pour se défendre ou pour protéger ses semblables. Il a les mœurs sociales ; on le voit toujours en compagnie, sous la direction du plus âgé, courir dans les forêts ou dans les terres pour chercher sa nourriture.

L'éléphant, au moyen de sa trompe, qui lui sert de bras et de main, peut enlever les plus petites choses comme les plus grandes, les porter à sa bouche, les poser sur son dos, les tenir embrassées ou les lancer au loin. Il s'accoutume aisément à l'homme, se soumet plus par les bons traitements que par la force, sert avec zèle, fidélité, intelligence.

L'éléphant avec ses défenses peut vaincre le lion. Il porte des fardeaux énormes, et malgré la pesanteur de son corps, sa course est aussi rapide que celle du cheval.

FOURMILLIER.

Le fourmillier, ainsi nommé parce qu'il se nourrit d'insectes et surtout de fourmis, n'a point de dents; la langue est le seul instrument qui lui sert à prendre sa nourriture; elle est longue en forme de ver; il la glisse dans la fourmillière et la retire couverte d'insectes qu'il avale par milliers.

Le fourmillier appartient au Brésil et à la Guyane; il habite plus souvent les arbres que le sol ; sa chair a un goût fort désagréable, et cependant les Indiens s'en nourrissent quelquefois.

On compte plusieurs animaux qui portent le nom commun de fourmillier à cause de leur conformation presque semblable et surtout de leur caractère particulier d'être complètement dépourvus de dents.

Le fourmillier est couvert d'un poil laineux et jaunâtre, sa queue est beaucoup plus longue que son corps ; il a à ses pieds de devant deux doigts armés d'ongles très-longs ; sa conformation indique qu'il est moins propre à marcher qu'à grimper sur les arbres qu'il habite le plus souvent et aux branches desquels il se suspend avec sa queue.

GLOUTON.

Le glouton habite les parties septentrionales de l'Amérique, les déserts du nord de l'Europe et de l'Asie. Sa taille est celle du chien, mais il a les jambes plus courtes ; sa fourrure est belle et fort estimée.

La voracité du glouton est passée en proverbe. Voici quelle est sa manière de chasser : il se cache en embuscade dans un buisson, ou sous des feuillages pour attendre sa proie; ou bien s'il trouve un sentier frayé par des rennes, pour aller paître dans la plaine, il grimpe sur un arbre, se poste sur une branche, et quand l'animal est à sa portée, il lui saute sur le dos, s'y cramponne si fortement qu'il est impossible à sa victime de s'en débarrasser. C'est alors qu'il commence par entamer sa proie en lui faisant une horrible blessure sur le cou, s'abreuve de sang et ne lâche prise que lorsqu'il est rassasié complétement; puis, s'il lui en reste quelque chose, il l'emporte dans un endroit connu de lui pour l'achever plus tard, s'il ne trouve une autre victime vivante à dévorer.

HYÈNE.

Ce vilain quadrupède est originaire des contrées d'Afrique, sa taille est celle du loup auquel il ressemble, sa robe est d'un gris brun rayé de blanc.

Comme le loup, la hyène vit de carnage, elle est plus forte et plus courageuse, elle attaque l'homme, enlève le bétail, et lorsque sa chasse est infructueuse, elle s'introduit dans les cimetières pour y déterrer les morts et les dévorer.

La puissance de sa mâchoire lui permet d'emporter facilement un animal plus gros qu'elle, et elle peut avec ses dents broyer les os les plus durs.

Le cri de la hyène imite celui d'un homme qui ferait des efforts pour vomir; sa marche est lente, mais le besoin de fuir lui donne assez d'agilité pour qu'il soit impossible de l'atteindre.

La hyène mouchetée ressemble assez à la première pour la forme, mais elle est plus grande, ensuite elle diffère par la couleur qui est fauve, nuancée de petites taches noires; son cou est fourré d'une épaisse crinière; elle est aussi féroce et aussi redoutable.

IGUANE.

L'iguane est originaire du Brésil ; son corps et sa queue sont couverts de petites écailles redressées, comprimées et pointues ; ses mœurs sont douces, les feuilles, les fleurs, les insectes lui servent de nourriture.

L'iguane vit dans le creux des rochers ou dans des troncs d'arbres. Son agilité est si grande qu'il peut s'élancer jusqu'aux branches les plus élevées de l'arbre qu'il habite. Souvent après qu'il est repu, on le voit se reposer sur les rameaux qui avancent au-dessus de l'eau ; c'est le moment que les Brésiliens choisissent pour lui faire la chasse. Il est d'un naturel confiant au point de ne pas fuir devant le danger ; on le prend facilement en vie. Sa chair est très-bonne à manger ; aussi dans les contrées où on le trouve est-il servi sur les meilleures tables.

Des chiens sont dressés à la chasse de l'iguane et on le prend aussi avec des piéges ; on l'apprivoise quelquefois ; il se révolte d'abord, mais son bon naturel le rend bientôt familier. Il demeure dans les jardins, passe une partie du jour dans les appartements, et vit dans une apathie complète.

JOCKO.

Le jocko est une variété du singe de la grande espèce; des naturalistes le confondent avec l'orang-outang; ses formes, après le chimpanzé, sont celles qui se rapprochent le plus du corps de l'homme, à cela près qu'il a des bras plus longs; le jocko est organisé pour vivre sur les arbres, où il se meut avec une extrême agilité, tandis qu'à terre il se traîne toujours péniblement et en employant ses quatre mains.

Le jocko imite les gestes qu'il voit faire à l'homme, il s'accoutume facilement à la docilité et s'attache aux personnes qui en prennent soin; son intelligence est supérieure à celle du chien, quelques naturalistes ont exagéré la vérité en le faisant trop semblable à l'homme; le jocko instruit, boit dans un verre, mange avec une fourchette, donne la main, fait la révérence; mais, après tout, si le jocko diffère par sa forme des autres quadrupèdes, il ne s'élève pas assez au-dessus de la brute pour être jamais rapproché de la créature humaine.

KANGUROO.

Le kanguroo est originaire de la Nouvelle-Hollande, sa forme a cela de bizarre que les jambes de devant sont courtes et celles de derrière très-longues, ce qui fait que sa marche ressemble à des bonds, il franchit un espace de trois à quatre mètres d'un saut. Sa tête offre de la ressemblance avec celle des bêtes fauves, elle est assez agréable : le kanguroo se tient souvent assis sur les jambes de derrière qui forment avec sa queue une base solide.

La femelle a sous le ventre une poche dans laquelle elle enferme ses petits, et qui aussi leur sert de refuge en cas de danger.

Quoique doux et paisibles, les kanguroos se livrent quelquefois des combats entre eux, alors ils se servent de leurs pattes de devant dont les ongles puissants deviennent des armes redoutables.

Leur chair est bonne à manger et on emploie leur fourrure à faire des vêtements.

Il en existe une autre espèce nommée rat kanguroo, sa taille est beaucoup plus petite; il est brun gris et généralement moins bien constitué, ses mœurs sont les mêmes que celles de la grande espèce.

LION.

Le lion, que les Grecs ont nommé le roi des animaux, offre un ensemble admirable de proportions; il est beau, fier, imposant, sa démarche est noble, sa voix est terrible, mais il ne joint pas à ces beautés apparentes les vertus qui devraient les accompagner : il n'est roi que parce qu'il est puissant, parce qu'il est beau ; pour le caractère il reste une bête féroce.

Le lion a les instincts du chat, sa manière

de chasser est la même, c'est en se plaçant en embuscade dans les roseaux qu'il attend au passage les gazelles et les singes dont il fait sa proie; lorsqu'un animal vient à passer, il bondit, s'élance sur lui, lui enfonce ses griffes dans les flancs et lui brise le crâne avec ses dents, s'il manque son coup, il ne cherche pas à poursuivre sa victime.

Le rugissement du lion ressemble au bruit du tonnerre; quand il est furieux, son cri est encore plus effrayant.

L'éléphant, le tigre, le rhinocéros et l'hippopotame sont les seuls animaux qui osent se mesurer avec lui.

La lionne est moins grande que le lion et n'est point, comme lui, parée d'une crinière, elle est encore plus féroce, surtout lorsqu'il s'agit de la conservation de ses petits ou de pourvoir à leur nourriture.

MOUTON.

Le mouton domestique connu en France est une des grandes richesses de nos campagnes ; sa toison est précieuse pour l'industrie, sa chair est journellement employée à la nourriture de l'homme.

Le mouton est regardé comme le plus sot de tous les animaux soumis à la servitude ; il ne paraît pas posséder seulement l'instinct de sa propre conservation, tellement que lorsqu'un loup se présente devant un troupeau les moutons n'offrent point de résistance et ne cherchent pas à prendre la fuite; mais si le loup ayant fondu sur le troupeau emporte une victime, tous le suivent sans que le berger puisse les retenir.

Si les moutons étant en marche l'un d'eux se jette dans un précipice, les autres s'y lancent sans hésitation.

Le *mouflon* ou mouton sauvage est regardé comme la souche des moutons domestiques. Il habite les montagnes et ne se plaît que dans les lieux les plus arides, vivant toujours en troupes assez nombreuses.

Le mouflon n'a pas le poil laineux, ses cornes sont très-longues, arquées en arrière et recourbées en avant. On en trouve beaucoup en Sardaigne, en Corse et dans la Turquie d'Europe.

NYL-GHAU.

Le nyl-ghau est un animal qui a la taille du cerf; ses formes sont moins élégantes à cause de la grosseur de ses jambes. Les Indiens l'appellent *taureau-cerf*. En effet, cette créature semble réunir quelque chose de l'espèce du bœuf et de celle du cerf. Le nyl-ghau mâle a des cornes moitié moins grandes que sa tête; elles sont lisses, écartées l'une de l'autre et légèrement courbées en avant.

Il habite l'Inde, les montagnes de Cachemire où on le chasse pour sa chair qui est très-estimée ; il court de très-mauvaise grâce à cause de ses jambes de derrière qui sont fort courtes.

On en a vu plusieurs à la ménagerie du Jardin des Plantes. Ils étaient fort doux et léchaient les mains des personnes qui leur présentaient quelque chose à manger ; ce qu'ils préfèrent pour nourriture c'est le pain de froment.

Les nyl-ghau se battent quelquefois entre eux. Pour cela, ils s'agenouillent l'un devant l'autre à une certaine distance et s'avancent en marchant sur leurs genoux ; arrivés à proximité, ils font un bond en s'élançant l'un sur l'autre, recommençant jusqu'à ce que l'un d'eux soit mis hors de combat.

OURS.

L'ours brun est le plus connu en Europe, sa taille est celle d'un chien de la plus grosse espèce; il se tient dans les cavernes, les précipices, souvent aussi il choisit pour son gîte le tronc d'un arbre, où il passe plusieurs mois de l'hiver sans autre provision que les restes de sa chasse.

L'ours noir est commun dans les parties septentrionales de l'Amérique, d'où il fait de fréquentes excursions vers le sud pour y trouver sa subsistance ; comme l'ours brun, il habite les vieux troncs d'arbres, d'où les chasseurs américains le font dénicher en y mettant le feu ; leur peau est l'objet d'un commerce fort considérable ; leur chair salée est en grande réputation en Amérique.

L'ours blanc habite les côtes du Groenland et du Spitzberg ; il ressemble aux autres par la forme, mais il est plus grand et plus féroce ; il vit l'été de graines et de racines quand il ne trouve pas d'animaux à dévorer ; l'hiver il est réduit à quitter ces pays couverts par la neige, pour venir chercher, au bord de la mer, une nourriture composée de poisson ou de veau marin.

PORC-ÉPIC.

Le porc-épic est un animal dont le corps est entièrement couvert d'aiguillons nuancés d'anneaux noirs et blancs, sa tête a quelque ressemblance avec celle du lièvre; ses jambes sont courtes, et, comme le reste du corps, couvertes de piquants épais, courts et solides.

Le porc-épic est originaire d'Afrique, mais il vit dans toutes les parties du monde; quelques personnes prétendent qu'il a la faculté de lancer ses aiguillons loin de lui, c'est une erreur qui provient de ce que, lorsqu'il redresse ses piquants, il en perd quelquefois en courant, surtout dans le temps de la mue.

Le porc-épic n'est point méchant; en état de domesticité, il est toujours occupé de recouvrer sa liberté, aussi travaille-t-il sans cesse à couper les barreaux de sa cage ou à en ronger les portes; on le nourrit facilement de pain et de légumes.

Le nom de *porc*-épic lui vient, sans doute, de son grognement qui a beaucoup de rapport avec celui du cochon.

QUINCAJOU.

Le quincajou est un animal carnassier. Sa manière de chasser est celle du glouton; il se jette sur sa proie, lui suce le sang et la dévore ensuite. Il est vif et turbulent; mais il n'a point la pétulance capricieuse du singe. Sa course est rapide, et les animaux poursuivis par lui n'ont d'autres ressources pour lui échapper que de se précipiter dans l'eau, dont il est ennemi.

Le quincajou est un des quadrupèdes les plus

prévoyants et les plus soigneux. Il habite un terrier qu'il prépare de manière à éviter les pluies en le tapissant de branches, de bûchettes, en le garnissant de foin et de mousse; il se met ainsi à l'abri de l'humidité et peut attendre patiemment, car il a non-seulement pris soin de son habitation, mais il a eu aussi la précaution d'y amasser des vivres pour quelque temps. Comme on le voit, le quincajou est grand ennemi des mauvaises saisons; aussi dit-on que sa prévoyance va jusqu'à économiser sur sa faim pour faire durer ses vivres; s'il est amateur du bien-être, s'il vit mollement et dans une certaine paresse, il le doit à son industrie seulement.

RENARD.

Le renard ordinaire ressemble au loup par sa forme, mais non par la couleur de sa robe qui est fauve et blanchâtre sous le ventre; il est d'une plus petite taille, moins féroce et aussi plus léger à la course.

Le renard habite les lisières des bois, les environs des fermes surtout, où il s'introduit pendant la nuit, pour dévaster les basse-cours, enlever tout ce qu'il peut de volaille, et se faire des provisions qu'il cache toujours en plusieurs endroits. Mais quelque nombreuses et quelque bien fournies que soient ses cachettes, il n'en continue pas moins ses chasses nocturnes.

Le renard est plus ingénieux et plus fin que le loup, il a toujours en réserve des moyens nouveaux dont il sait n'user qu'à propos.

Dans les pays où le gibier est abondant le renard se fait chasseur; ils se réunissent au nombre de deux, l'un reste immobile en embuscade, tandis que l'autre lance le gibier et le poursuit en s'arrangeant de manière à le faire passer devant son camarade pour ensuite dévorer leur proie en commun.

SOURIS.

La souris a la physionomie fine, l'œil vif, une tournure dégagée. La petitesse de sa taille lui permet de se glisser par les moindres trous; ce petit animal, rongeur au dernier point, détruit tout ce qui tombe sous sa dent. Tout ce que l'on mange, le pain, le sucre, les fruits, les confitures sont à sa convenance; non-seulement la souris attaque tout, mais elle communique encore à ce qu'elle ne dévore pas, une odeur infecte. On en a vu pousser la hardiesse jusqu'à entamer le lard des cochons vivants, pendant leur sommeil. Lorsqu'elle attaque un pain, un fromage, elle y fait un trou suffisant pour s'y ouvrir un passage et ronge l'objet jusqu'à ce qu'il ne reste plus qu'une croûte extérieure.

Le chat a, dit-on, été extrait des forêts pour délivrer nos habitations des souris.

La souris commune a le poil gris et soyeux, il en existe un autre genre dont les poils sont entièrement blancs et les yeux rouges, mais il n'est pas douteux que l'espèce soit la même à la couleur près, puisque la conformation est entièrement semblable.

TIGRE.

Si la beauté seule donnait la supériorité, le tigre jouirait incontestablement du premier rang parmi les animaux; mais après cette beauté qui est son seul mérite, ses couleurs, sa souplesse, son agilité, il n'y a plus rien à dire en sa faveur. Plus grand que le lion qu'il ne craint pas d'attaquer, il est aussi plus féroce, car souvent il tue pour le plaisir de verser du sang et se plaît dans le carnage; on le dit assez fort pour emporter un buffle et même un cheval. Sa manière de chasser est celle du lion, il se cache et s'élance sur sa victime; sa voix est un cri plutôt qu'un rugissement.

Les îles marécageuses de l'Inde et du Gange renferment beaucoup de tigres, dont la fourrure est très-estimée en Orient.

Beaucoup de personnes confondent sous un même nom ces trois animaux, le tigre, la panthère et le léopard; le tigre est plus grand, et, comme nous l'avons dit, sa robe est rayée, tandis que les deux autres ont la peau mouchetée de taches noires et arrondies; il reste maintenant à dire si la panthère et le léopard qui se ressemblent sont différents, c'est sur quoi les naturalistes ne sont pas tous d'accord.

UNAU.

L'unau ou *paresseux* est un des animaux les plus maltraités par la nature, sa stupidité est complète, sa paresse sans pareille, une conformation hideuse, un poil qui ressemble à de l'herbe desséchée, des yeux couverts, une mâchoire lourde et épaisse, des jambes courtes et des cuisses mal emboîtées, voilà le lot de cet animal, qui serait perdu aujourd'hui dans l'ordre des animaux, s'il n'habitait des pays déserts.

L'unau est réduit à vivre de feuilles sauvages. Quand il peut, à force de temps, se traîner au pied d'un arbre et y grimper, il y passe une partie de sa vie: lorsque l'arbre est dépouillé, l'*unau* s'y trouverait retenu par l'impossibilité d'en descendre, mais le danger de mourir de faim le force alors à se laisser tomber comme une masse, car ses jambes raides et paresseuses ne lui servent de rien pour amortir la chute.

L'unau supporte longtemps la privation de nourriture, il engraisse par le repos; il fait partie des animaux qui ont plusieurs estomacs.

VACHE.

La vache est la femelle du taureau auquel elle ressemble pour la taille et la construction, sa force est moins grande, son attitude est moins fière, sa voix moins forte et son caractère plus docile.

Cet animal domestique est un des plus précieux, il fournit à l'homme du lait et de la chair, sa peau n'est pas moins nécessaire; sa graisse, ses os, ses cornes, tout est employé dans les arts industriels, aussi on peut affirmer qu'il n'y a point d'animal dont l'utilité soit plus grande; puisqu'une vache, avec un coin de terre, est une fortune pour un habitant de la campagne, et ce n'est pas une exagération, car la vente de son lait suffit aux besoins d'une famille.

La qualité des pâturages exerce une influence très-grande sur le perfectionnement de l'espèce; c'est en Tartarie où ils sont d'une qualité exquise, que la vache atteint une grosseur prodigieuse.

Nous tirons encore avantage de ses infirmités; la *vaccine* est une maladie qui lui est particulière et dont on se sert en médecine pour nous préserver des ravages de la petite-vérole.

XÉ.

Le xé est un charmant quadrupède de la taille du chevreuil, son pelage grossier est teint de brun, de fauve et de blanchâtre, ses canines sont très-apparentes hors de la bouche.

On trouve cet animal au Thibet en Tartarie, et principalement en Chine; il a sous le ventre une pochette de trois à quatre centimètres de largeur, des parois de laquelle sécrète une humeur odorante connue sous le nom de musc.

C'est seulement à ce parfum très-recherché qu'il doit sa célébrité.

Le xé n'habite que le sommet rocailleux des montagnes au milieu des précipices; il déploie dans sa course autant de légèreté que le chamois. Il gravit aisément les pentes les plus rapides, se précipite du sommet des rocs.

La nourriture du xé est bien simple : l'été ce sont des racines qu'il déterre avec ses pieds et ses longues canines; l'hiver il se contente des lichens qui tapissent les rochers.

YARKÉ.

Le yarké est originaire de la Guyane, où on le voit souvent par troupes de dix à douze. Il ne vit point solitaire; il est moins grimpeur que les autres quadrumanes. Quoique d'un caractère doux et tranquille, il s'apprivoise très-difficilement; il habite les bois et les broussailles.

Le yarké est classé parmi les animaux nocturnes; ce n'est que le soir ou le matin qu'il sort de son trou pour courir à la recherche de sa nourriture, qui consiste en insectes, fruits sucrés et surtout en miel d'abeilles sauvages dont il est très-friand. Souvent les yarkés sont suivis par les sajous qui leur font une guerre à outrance pour s'emparer des ruches qu'ils ont découvertes. C'est sans doute pour se défendre de leurs ennemis qu'ils forment entre eux une association; cependant il leur arrive encore malgré cela d'être vaincus.

Le yarké est remarquable par sa couleur noire; sa queue qui est aussi grosse que son corps et par l'entourage de sa figure qui ressemble à un collier de barbe blanche.

ZÈBRE.

Le zèbre est un des animaux les plus élégants et les plus indomptables. Sa peau a le moelleux du satin, elle est ornée de bandes élégantes en forme de rubans jaunes et noirs, disposés avec tant de régularité et de symétrie, qu'il semble que la nature ait employé la règle et le compas pour les peindre ; son corps est rond, ses jambes d'une grande délicatesse. A la course, les chevaux ne peuvent l'atteindre.

Le zèbre habite le cap de Bonne-Espérance, où les indigènes ont fait tout ce qu'ils ont pu pour l'apprivoiser et le rendre domestique, mais en vain.

Le zèbre vit en troupes, il aime à paître l'herbe sèche des lieux les plus escarpés, il a l'organe des sens excellent, il reconnaît de très-loin l'approche des chasseurs qu'il fuit avant même qu'ils aient pu l'apercevoir, et ce n'est que par surprise qu'on peut l'avoir à une portée de fusil.

FABLES.

LES DEUX AMIS
QUI VENDENT LA PEAU DE L'OURS.

CERTAIN fourreur avait besoin de la peau d'un ours. Ne vous mettez pas en peine, lui dirent deux de ses voisins, nous allons tout de ce pas dans la forêt voisine vous en tuer un des plus gros. Cela dit, et marché fait pour la peau qu'ils devaient livrer, ils partent et arrivent dans la forêt. Ils n'y furent pas plus tôt entrés, qu'un ours sort de sa tanière, et vient droit à eux. Nos deux braves oublient le marché, et ne pensent qu'à se sauver. L'un grimpe sur un arbre ; l'autre, qui sait que l'ours ne touche point aux corps qui n'ont plus de vie, se couche par terre, retient son haleine, et contrefait le mort. L'ours arrive, trouve ce corps tout étendu, le flaire, le retourne, et le prenant pour un cadavre, passe et s'éloigne. Celui-ci retiré, l'autre descend de l'arbre et vient demander à son camarade ce que l'ours lui avait dit à l'oreille, lorsqu'il s'en était approché de si près. Qu'on ne doit jamais, répartit celui-ci à demi-mort, vendre la peau d'un ours, qu'on ne l'ait mis par terre.

<blockquote>
Ennemi dans son camp jamais ne vous étonne ;
On le cherche. Vient-il ? on s'assemble, on raisonne,
Il n'est pas temps, dit-on, de risquer le combat....
Si l'on était battu que deviendrait l'État ?
</blockquote>

LE POT DE TERRE ET LE POT DE FER.

Le pot de fer dit un jour au pot de terre : Frère, ne verrons-nous jamais que le coin d'une cuisine? qui n'a rien vu n'a rien à conter; et d'ailleurs, on dit que le voyage fait l'esprit. Il me prend envie de voir le pays, et si tu as la même curiosité, nous voyagerons de compagnie. Vois-tu bien cette rivière qui passe au pied du logis? Il nous faudra y entrer; cela fait, nous nous y laisserons emporter par le courant de l'eau, de cette manière, nous pourrons faire en très-peu de temps beaucoup de chemin, et cela, comme tu vois, sans fatigue. L'autre fort satisfait de l'expédient, sortit, entra dans l'eau avec le pot de fer, et le suivit; mais il n'alla pas loin. Son

camarade qui flottait tantôt à droite, tantôt à gauche, le heurtait à tout moment. Le pot de terre ne fut pas à trente pas du bord, qu'il ne fut que pièces et morceaux.

<blockquote>
Ainsi mal à propos petit prince se brise
    Aux côtés d'un grand roi.
  Ceci vous dit : malheur à qui s'avise
D'approcher de trop près un plus puissant que soi !
</blockquote>

LE CHIEN ET L'OMBRE.

Un chien traversait une rivière sur un pont, tenant un morceau de chair dans sa gueule ; il en vit l'ombre dans l'eau, et crut que c'était quelque nouvelle proie. Aussitôt il lâcha la sienne et s'élança vers ce rien, qui lui semblait être un mets exquis. Mais quel fut son désespoir, lorsqu'il vit son avidité frustrée ! Malheureux que je suis ! s'écriait-il en regrettant ce qui lui était échappé, pour n'avoir su m'en tenir à ce que j'avais, j'ai tout perdu.

Combien de conquérants, aussi fous que ce chien,
Pour vouloir trop avoir, perdent tout et n'ont rien.
Hé ! sans porter le feu sur les états des autres,
Monarques, ne songez qu'à conserver les vôtres.

LE GEAI PARÉ DES PLUMES DU PAON.

UN paon perdit dans sa mue quelques-unes de ses plumes; un geai les ramassa et s'en revêtit; alors il crut surpasser en beauté les paons mêmes, et vint, tout bouffi d'orgueil, se faufiler avec eux ; mais sa vanité fut bientôt punie. Les paons qui reconnurent l'artifice, lui arrachèrent ses fausses plumes, et le chassèrent de leur compagnie à grands coups de bec. Ainsi le geai, battu et déplumé, ne fut pas même plaint des autres geais qu'il avait méprisés.

> Qui s'élève au dessus de sa condition,
> Y rentre tôt ou tard avec confusion,
> On l'a dit et redit, mais on a beau le dire,
> Dans ces lieux, sur ce point, que de sujets de rire!

L'AIGLE ET LE CORBEAU.

L'AIGLE fondit sur un mouton, et l'enleva, à la vue d'un corbeau. N'en puis-je donc faire autant? dit ce dernier. Cela dit, il s'abattit sur le plus gros du troupeau ; mais bien loin de faire ce que l'aigle avait fait, il s'embarrassa tellement dans la toison du mouton, qu'il y demeura. Comme il se débattait pour s'en dégager, le berger accourut, le prit et le mit en cage, puis il le donna pour jouet à ses enfants.

Mesurez-vous. Ce brave eut un sort favorable
Et, sans doute, dis-tu, je l'aurai tout semblable;
   Il entreprit : entreprenons. Tout beau :
L'aigle prit le mouton, et ne put le corbeau.

LE VIGNERON ET SES ENFANTS.

Un vigneron se sentit proche de sa fin. Alors il appela ses enfants : Mes enfants, leur dit-il, je ne veux point mourir sans vous révéler un secret que je vous ai tenu caché jusqu'à présent, pour certaines raisons. Apprenez que j'ai enfoui un trésor dans ma vigne; lorsque je ne serai plus, et que vous m'aurez rendu les derniers devoirs, ne manquez pas d'y fouiller, et vous l'y trouverez. Le bonhomme mort, les enfants coururent à la vigne, et retournèrent le champ de l'un à l'autre bout ; mais ils eurent beau fouiller et refouiller, ils n'y trouvèrent rien de ce que le père leur avait fait espérer. Alors ils crurent qu'il les avait trompés ; mais ils reconnurent bientôt qu'il ne leur avait rien dit que de véritable. Le champ ainsi retourné, devint si fécond, que la vigne leur rapporta, pendant plusieurs années, le triple de ce qu'elle avait accoutumé de produire.

Un mortel ne fit point cet apologue insigne.
C'est d'un Dieu qu'il nous vient; du moins je l'en crois digne.
Que chacun sur l'airain le grave en lettres d'or.
Le travail, nous dit-il, est pour l'homme un trésor.

LE CHAT ET LES RATS.

Un chat, la terreur des rats, en avait presque détruit l'engeance : il eût bien voulu croquer encore le peu qu'il en restait; mais le malheur des premiers avait rendu les derniers plus sages. Ceux-ci se tenaient si bien sur leurs gardes, qu'il n'était pas aisé de les voir. Je les aurai pourtant, dit le chat, et bon gré malgré qu'ils en aient. Cela dit, il s'enfarine et se blottit au fond d'une huche. Un rat, qui l'aperçut, le prit pour quelque pièce de chair, et s'en approcha; le chat se retrouve aussitôt sur ses pattes, et lui fait sentir sa griffe. Un second vint après, puis un troisième, qui fut suivi de plusieurs autres, et de ceux-ci, pas un ne s'en retourna. Cependant un dernier, vieux et ra-

tatiné, mit la tête hors de son trou, et d'abord regarda de tous côtés, puis de là, sans vouloir s'avancer plus loin, se mit à contempler le bloc enfariné; enfin, secouant la tête : A d'autres, mon ami, s'écria-t-il ; il ne te sert de rien à mon égard de t'être ainsi blanchi, quand tu serais farine, sac, huche, ou tout ce qu'il te plaira, je n'en approcherais pas en mille ans une fois.

> Vieux routier rarement se prend au trébuchet.
> Homme, pèse toujours mûrement ton projet,
> Et n'en juge jamais par ce qu'il paraît être.
> Sage qui veut à fond tout voir et tout connaître.

LE LOUP ET L'AGNEAU.

La raison du plus fort est toujours la meilleure :
Nous l'allons montrer tout-à-l'heure.

Un agneau se désaltérait
Dans le courant d'une onde pure.
Uu loup survient à jeun, qui cherchait aventure,
Et que la faim en ces lieux attirait.
Qui te rend si hardi de troubler mon breuvage ?
Dit cet animal plein de rage :
Tu seras châtié de ta témérité. —
Sire, répond l'agneau, que votre majesté
Ne se mette pas en colère ;
Mais plutôt qu'elle considère
Que je me vas désaltérant
Dans le courant,
Plus de vingt pas au-dessous d'elle ;
Et que par conséquent en aucune façon,
Je ne puis troubler sa boisson. —
Tu la troubles ! reprit cette bête cruelle ;

Et je sais que de moi tu médis l'an passé. —
Comment l'aurais-je fait si je n'étais pas né ?
    Reprit l'agneau ; je tette encore ma mère. —
      Si ce n'est toi c'est donc ton frère. —
Je n'en ai point. — C'est donc quelqu'un des tiens ;
      Car vous ne m'épargnez guère,
      Vous, vos bergers et vos chiens.
On me l'a dit : il faut que je me venge.
      Là-dessus, au fond des forêts
      Le loup l'emporte, et puis le mange,
      Sans autre forme de procès.

LE COQ ET LA PERLE.

Un jour un coq détourna
Une perle, qu'il donna
Au beau premier lapidaire.
Je la crois fine, dit-il;
Mais le moindre grain de mil
Serait bien mieux mon affaire.

Un ignorant hérita
D'un manuscrit qu'il porta
Chez son voisin le libraire.
Je crois dit-il qu'il est bon;
Mais le moindre ducaton
Serait bien mieux mon affaire.

LE RENARD ET LE BUSTE.

Les grands, pour la plupart, sont masques de théâtre :
Leur apparence impose au vulgaire idolâtre.
L'âne n'en sait juger que par ce qu'il en voit :
Le renard, au contraire, à fond les examine,
Les tourne de tous sens ; et, quand il s'aperçoit
   Que leur fait n'est que bonne mine,
Il leur applique un mot qu'un buste de héros
   Lui fit dire fort à propos.
C'était un buste creux, et plus grand que nature.
Le renard, en louant l'effort de la sculpture :
« Belle tête, dit-il ; mais de cervelle point. »

Combien de grands seigneurs sont bustes en ce point !

LES DEUX MULETS.

Deux mulets cheminaient, l'un d'avoine chargé,
   L'autre portant l'argent de la gabelle.
Celui-ci, glorieux d'une charge si belle,
N'eût voulu pour beaucoup en être soulagé.
     Il marchait d'un pas relevé,
     Et faisait sonner sa sonnette ;
     Quand l'ennemi se présentant,
     Comme il en voulait à l'argent,
Sur le mulet du fisc une troupe se jette,
     Le saisit au frein et l'arrête.
     Le mulet en se défendant,
Se sent percer de coups ; il gémit, il soupire.
Est-ce donc là, dit-il, ce qu'on m'avait promis ?
Ce mulet qui me suit du danger se retire,
     Et moi, j'y tombe et je péris !
   Ami, lui dit son camarade,

Il n'est pas toujours bon d'avoir un haut emploi :
Si tu n'avais servi qu'un meunier, comme moi,
   Tu ne serais pas si malade.

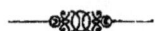

TABLE.

	Pages.
ALPHABET.	1
DESCRIPTION DES ANIMAUX	37

FABLES EN PROSE.

Les deux Amis qui vendent la peau de l'Ours	87
Le Pot de terre et le Pot de fer	89
Le Chien et l'Ombre.	91
Le Geai paré des plumes du Paon.	92
L'Aigle et le Corbeau	93
Le Vigneron et ses Enfants	94
Le Chat et les Rats	96

FABLES EN VERS.

Le Loup et l'Agneau	98
Le Coq et la Perle	100
Le Renard et le Buste.	101
Les deux Mulets	102

PARIS. — IMPRIMERIE DE W. REMQUET ET Cie,
rue Garancière, n. 5, derrière St-Sulpice

IMPRIMERIE DE W. REMQUET ET Cie, RUE GARANCIÈRE, 5

www.ingramcontent.com/pod-product-compliance
Lightning Source LLC
Chambersburg PA
CBHW070532100426
42743CB00010B/2057